발작

박치치

첫번째
시/노래집

치치의 말

여름의 옥탑, 장마와 낙원, 첫사랑, 노란 고양이
죽은 벗들의 마르고 파이얀 얼굴들, 공단의 밤,
시끄러운 엔진소리, 아픈 모퉁이,
새벽마다 하얀 숨을 뱉던 안전화,
소란스러운 거리의 사람들, 붉은 등대,
만취한 밤의 골목,
골목길에 숨어 담배피는 아이들,
시꺼먼 천장과 가난한 종말,
폭죽, 밤과 도로와 뜨거운 불과 환호와 우정과
죽음들
사랑들

세상이 온통 의문이던 시절
어쩌면 나는 매번 오답이었는지 모릅니다.
걸어도 걸어도 검기만한 나의 길.
이제 나는 스스로 나의 종막을 내립니다. 마치 선언하듯

내가 친애하는 여인과 사내와 스승과 벗들에게
강인하고 선량한 이에게
여전히 발작하는 나의 오답들에게
그리고
큰 기쁨으로 세상에 온 아이에게
깊은 나의 사랑을 전합니다.

2022년 8월

죽은 시인

파도처럼 우리를 쓸어갈
어제까지의 폐허를 마주하며
우리는 오래 지은 성
죽은 둑에 묶인 노래들

세상은 여전히 타인으로 가득하고
하늘은 여전히 치밀하고
내 속에는 검은 구멍만이 가득하여
허튼 우리는
추락처럼
가만히 가라앉는다
검은 물속으로

벗들의 얼굴
아이의 트림
어머니의 긴 한숨
빠르게 뛰던 것들
젊은날의 가슴

아무렴
이 마을의 안개는
죽은 시인의 안개라
너도 나도 무럭무럭 가라앉자
납추처럼
공터처럼

당신의 모국어

자정 쯤 당신의 모국어는 갑자기 추방되었다
당신과 나는 기쁨의 소리나 슬픔의 소리,
심지어는 사랑과 실연의 소리도 같았기에
우리는 예쁜 단어들만 골라 술잔에 따르고선
우리가 배반한 조국에 대하여는
아무도 소리내지 않고
아무것도 모르기로 하였다

서로를 충분히 조문하기에 이 밤은 너무 짧았다
우리가 같은 소리로 지독하게 서로를 앓는동안
비명처럼 깊어지는 단어들과
녹이 뻘겋게 삭아가는 문장들로
가끔의 대화는 그런식이었다
그럴바엔 세상에서 가장 멀리로 부유해
너에게도 세계에서도
영영 잊혀진 단어가 되겠노라고 다짐했다

자정이 한참 넘어서야 나는 당신에게 말했다
다음번 죽을때에는 아무것도 기록하지 말자고

다음번 죽을 때는 우리가 꼭 같이 죽자고
자 이제 안녕, 우리는 끝이야
당신의 모국어로는 이야기 하지 못 했다
할 수가 없었지
당신은 이렇게 대답했다
이름도 소리도 자정쯤엔 죽기 좋은 때야
그 날 밤에 너는 소리밖에 없었고
네가 열고 닫지 않은 창문으로 부슬비가 들이쳤다
빗소리가 박격포 터지듯
그리고
당신은

나는 침묵의 의자에 앉아 당신의 재와 독한 단어들을 유리잔에 따라 마셨다

종말

가난한 인생이
나에게는 불면의 굴레라
이제는 약도 뭣도 안들고
겨울은 일 없는 가난한 계절인데
꺼먼 종말은 입 쩍 벌려 달려들고
채근하는 타인들만 사방이라
나는 뛸 발이 없고
차라리
이제 종말은 오라
온 몸 벌려 기껍게 안기리라

낙토

사람들이 우산을 쓰고 걸었다. p의 뼈는 어느 강에 뿌렸다더라. j가 전했다. 거리의 모든 모퉁이마다 뼛물이 굽이쳤다. 누구는 바다가 되고 누구는 구름이 되었다지. 뼛가루를 아무데나 뿌리면 불법이 아닌가? j가 말했다. 죽어서도 예술을 할 수 있어? 아니면 예술은 죽어야만 할 수 있나. 그걸 왜 하지. 뭐라고. 그러게. 사무쳐서 나는 고개도 들지 못 하고 걸었다. 친구들. 거리마다 잿물이 넘실대는데 슬픔만 내 속에서 바다처럼 고요했다. 기도했다. 그이의 물길은 낙원으로 흐르라. 흘러 흘러 멀리 낙토에 닿으라. 마르고 하얀 나의 얼굴들. 부끄러운 나만 변명을 찬 삼아 하루를 더 또 살았노라.

집에 돌아와 하루종일 누워있었다.

옥탑방

그 방은 울거나, 잠들거나, 사랑에 빠지기 좋은 공간이었다. 모든 좋은 날들과, 나쁜 날들. 가끔 고요한 날이 있었다. 아마 슬픈 날이 잦았나. 그래도 그대로 어리고 기쁜 날들이었다. 가득한 곳. 낡은 탑에 찔려 한동안 서로를 외면하고 창가에 우두커니 서서 밤으로 명멸하는 항공기의 자리를 쫓거나, 노란 고양이를 쓰다듬거나 하기에도 썩 좋은 공간이었다. 공간에서 사람들은 계절이 오면 봄동을 무치거나, 맑은 술로 잔을 채우거나, 빨랫줄에 볕을 널기도 하였고, 고전의 첫 장을 넘기거나, 기타줄을 만지며 시를 외기도 하였다. 하루에서 또 하루. 시간에서 시간으로 공간에서 공간으로. 나는 지금 어디에서 무얼하지.

한 번 잃은 길

다시는 돌아가지 못 할

내일의 일

내일은 또 다시 법원에 가야한다. 모레부터는 한동안 어딘가에 격리되기로 자진했다. 기묘한 사건들이 연속한다. 현실적이지 않은 일들은 두렵지 않다. 누구나 한 번은 죽게 된다. 아무것도 모르는 촛불도, 가엾은 사랑을 빈 집에 더듬거리며 잠그던 손도, 빨치산도 시인도 누구나 한 번씩은 죽는다. 요사이 믿거나 상념하지 않으려 그저 부단한데 나는 섣부르고 그르치는 일이 잦다. 방에서의 흔적을 치우고 배낭에 생활을 담으며 오늘은 그저 무상히 지내자. 슬픔은 내일의 일이니까.

오수

장마가 까마득하여
어제같은 오늘은 창에 파쇄된다
구멍으로부터 들이치는 계절의 검은 물
텅 빈 방을 꾸역 꾸역 채워가고
홀로 초라한 나만이
아스라이 잠 겨가는
어제의 얼굴들을 더듬는다
메꾸지 못 한 어제의 구멍들을 시름하며
차오르는 검은 물 속에서
어제는 너를 사랑했다
어제는 우리가 서로 사랑했다
자 이제 오라
나의 삶이여
오수여

변명

겨울이 다 가고 봄이 오면
나는 이제 무어라고 변명하나
모두 다 가고
이제는 나만 홀로인데
나는 누구를 탓하고 원망하며
하루에 두 번 약을 삼키나
잠긴 문이 안으로 밖으로 덜컹거린다
사실 그 문을 걸어 잠굴 빗장은
애초에 나에게 있지도 않았다
모든것이 타의
모든것이 나의 탓
하여 저 문
겨울가고 봄이 와도 계속 덜컹이리라
상념만큼
번민만큼

하루치의 슬픔

하루치의 슬픔을 한 모금의 물과 삼킬 시간
검은 바다로
검은 산으로
검은 낮으로
검은 나의 자리로
손등에 뼛가루가 돌아다닌다
타인의 삶으로
나 다난했던 과거는 매립되고
어린 절망들만
진눈깨비처럼 투신한다
삶에 닿으면 원래부터 없어버리는 허깨비들
오래 쌓여 검은 산 되고
오래 녹아 검은 물 되어
나의 동산이여
나의 설원이여
나의 청춘이여
슬픔일랑 가게하오 하던 나의 벗이여
인제 그만
가오

봄 비 와도

겨울 뒤에 겨울 다시 와도

영영 가서 오지마오

수치

흐르는 밤 거꾸로 저어
나 어데로 멀리로 가나
어드메 닿길 바라
나 또 무어라고 노를 미나
응달에 고인 볕에 몸 뉘이나
그래서 나 하루나 빛나던가
가르고 온 물길로
애먼 수치만 동동 뜨더이다
서툰 노질만 야광하더이다

고인 사랑

어제는 타인으로 가득하고
세상은 오늘만 가득한데
별도 없는 밤은 오늘 유독하고

어김없는 나
내 속에는 검은 구멍이 있어
휘휘 손을 저어 건져낸 것들이
나에게는 무척이나 소중하여
들뜬 나를 세상에 메어둔다
가끔 삶이 무거운 바위같아
끝 모르는 물 위에 벌떡이는 묘비같아

동녘으로 푸른 어스름이 다시 스미면
나는 지랄처럼 발작처럼
마치지 못 한 상념을 멎는다
어제는 어제의 슬픔이 있고
오늘은 오늘의 슬픔이 있다

노동은 다시 배당되고

우리 삶은 다시 흐려지고
고인 사랑 겨울 볕에도 잘 마르나
파도처럼 후렴처럼
자꾸 슬픔이 온다

그리움

한동안 내가 망설이던 사이
잎들은 묵묵히 그들의 할 일을 하였다
보내도 가지 않고 불러도 오지 않던 계절들이
우르르르 쏟아진다

아이가 자라는 많은 계절과 계절 사이
나는 계속 망설이리라
스스로 아플 마디에서 마디까지
잎들이 계절 사이 그들의 할 일을 하듯
나도 다만 나의 할 일을 하노라고 변명하리라

낙엽처럼 시들 상념으로 나는 잎을 피우나
그리움으로 그린 나이테
눈물로는 쉬이 지워지나

가을바다

괜히 빵을 들고 뛰며
장발장의 기분을 상상한다
가을장마는 실향하듯
대기에서 달력까지의 궤도를 맴돈다

떠났는가
그대 돌아오는가

비가 오래 올 때
긴 잠이 필요할 때
종종 슬픔이 나를 찾을 때
삶은 점점 연해지고 흐려진다
진해지는 것들로 우리는 자꾸만 작아진다

계절의 조각들이 노란 걸음마다 바스라져
골목마다 그리움처럼 고이면
나는 동쪽으로
바다로
낙엽처럼 실종하리라

구멍

가슴에 검은 구멍
손을 넣어 저으니
깍지 사이로 견고한 허공이 닿는다
구멍 둘레로 이빨이 돋는다
빠드득 빠드득
검은 것은 나의 이빨
빠드득 빠드득
우리를 훑고 지나는 시린 것들
공허한 세상의 바람
검은 것은 이빨
바람은 바람
구멍은 구멍
빠드득빠드득
우리는 쉽게 빠진 어금니
오늘은 시뻘건 피를 철철 쏟는다
구멍으로 구멍으로
빠드득 빠드득
그런 기분으로 생을 그냥 보내는 것이다

젊은날

젊은 날을 생각한다
젊은 날에 비극이 두렵지 않았다
꽤 한동안 두렵지 않았다 꽤 한동안 나는 젊었다.
어미를 찾는 아가처럼 뜻 모를 정념에 이끌려 생이 나를
살게 두었다.

때로는 비극을 생각하면 한동안 잘 잊히지 않았다
비극 이후에 오는 것들에 대한 천착
이를테면
슬픔이나 눈물, 장마, 종말, 죽음 같은 것들
나는 피할 수 없는 것들을 걱정했다
그러다 밤이 오면 밤동안 나는 불안했고
낮이 오면 낮동안 나는 불안했다
설원에서도 꽃은 꺾였다
항구를 떠난 배들은 다시는 돌아오지 않았다
나는 그런 종류의 슬픔이 피로했다

전의 젊은 날과 지금의 젊은 날은 다른 것이다
밤에 오래 운전하다 덜 죽은 짐승을 보았을 때

박물관에서 지난 문명의 유물을 보았을 때
안전화를 신고 새벽 하얀 숨을 뱉는 남자들을 볼 때
생각했다
지금 나는 어떤 장막에 덮여있다
초겨울의 산이 노란 죽은 떡갈나무 잎에 덮인 것처럼
나도 죽은 무언가에 가만 덮여있는 것이다
지금 나는 장막에 덮인 것이다
계절 뒤에 계절 오듯 슬픔은 갑자기 오는 것이다
그러나 행복은 그렇지 않은 것이다

남쪽으로 가는 차 창밖으로 하얀 눈발이 날렸다
차들은 서로 자주 부딪히고 거리의
사람들은 훈련된 남극의 짐승처럼 걸었다
생이 아무리 희어도 걸음은 발목마다 전부 비극이었다
나는 흰 것이 싫은가 두려운가
녹고 바래 검어지고 헤어지고 닳아질 것들
배신하려고 태어나는 것들
다 알면서도 아이의 하얀 미소가 그리워 인제 나는 창에
커튼을 친다.

이제부터 나는 눈을 감고 설원을 생각한다. 여기부터 여

기까지가 동백 핀 나의 정원임을 선언하고 나는 그곳에서 잊히지도 대체 되지도 않고 술은 마시지도 않고 잠도 잘 자게 되고 울지도 않게 되고 약도 안 먹게 되고 대체로 좋은 것만 생각하게 되는데 하얀 하늘에선 녹지도 않는 하얀 눈만 풀풀 나리고 나는 가만히 앉아 가라앉는 납추처럼 흰 것에 덮여가며 이제서야 나는 흰 것을 미워하지 않을 수 있는 것인데

젊은 날을 생각한다
젊은 나를

밤

모르겠다 꿈인가 잠인가
기억은 밤으로 짠 천
참인가 기억은
나는 어떤 표정으로 네 앞에 섰나
슬픔이 파도처럼 막 들이쳐서
마음은 마르지 않는 사막
젖는것은 나의 발
껑충 뛰어 허공으로 날아갈 달려갈 나의 발
서로 껴안고 엉엉 울며 어쩔 줄 모르던 밤에
서로의 발바닥에 고이고이 낙서를 적어주며
허공에 잉크를 새기고
밤하늘에 이름만 놓았다
시간들만 후렴처럼 되뇌겠지
결국
너와 밤은 다시는 오지 않았다고

장마의 밤

가끔은 청춘이 쉽게 가지 않는 장마같았다
겁이 많은 아이들
폐허에서
우산없이도 거리를 걸었고
젖어가며 하늘을 보았다
밤을 기다리며
불안해서 서로 손만 세게 잡았다
우리는 어두운 것이 두려웠다
어둠은 작별이나 종말이라고 배웠으니까
빗물에 작은 모닥불 사글까 두려워
서로의 조각을 떼어 불에 던졌다
영원히 아이라도 좋아
끝끝내 폐허라도 좋아
움켜쥐는 것이 흰 재인지도 모르고
나는 불똥같던 네 눈만 보았다
작은 불 꺼지고
칠흑같은 어둠이 찾아와
서로를 볼 수 없더라도
우리는 사랑을 믿기로 하며

밤은 오지 않으리라
장마는 그치리라
서로 달래주던
밤

나의 사랑

몇 알의 잠
멀리 나는 새
아침 첫 모금
긴 동경
기만
설원
언덕의 안개
취한 거리
꼭 맞는 반지
여름의 한 가운데
눈 덮인 산
밤의 해변
슬픈 눈물
아픈 후회

어쩌면 나쁜 습관
그대
나의 사랑

소꿉장난

소꿉장을 놀았어
네가 내게 연락 하지 않을 때 마다
무언가를 차단하고 무언가를 해제하고
취한 밤 내 집앞에서 울기를 반복할 때 마다
우리는 자꾸만 아이가되어
너는 어머니를 해
나는 아버지를 할게
우리아기 고운아기
식사할까요 맛있네요 많이 드세요
네가 돌아오길 기다렸어
우리는 서로의 좋은 점만 좋아하지
고아 둘이서
공장에서 소꿉장 노는 그런 사이
넥타이를 메어주고
식사를 차려주고
서로에게 치덕치덕
모래를 바르고
고개를 돌리면
검은 비극이 입을 쩍 벌리고

우리를 삼킬까봐서
눈 질끈 감지도 못했지
그냥 서로 눈을 부릅뜨고 놀았어
눈물이 줄줄 새는줄도 모르고
별도 달도 없어요 밤이 왔지만
있지
우리는 이 다음에
자라서
자라서
자라기 전에 죽기를 바라자

처마

나는 기다렸어요
비를 맞으며 처마를 찾았어요
웅덩이마다 밤거리가 툭툭 떨어져도
나는 기다렸고요
오늘 우리 비겁을 심었으니
내일은 비극을 추수할 것이고요
당신이 나를 도와주길 원했어요
첫눈처럼 능소화처럼 고운 네가
나를 죽이거나 살리거나
그렇게 기다렸어요
얼마나 내가 비겁한지
오늘도 차근차근 알게 되는데요
내가 나를 싫어하는만큼
네가 나를 싫어했다면
나는 독약을 마셨을거야
잘 낫지 않는 병이라고 했어요
욕망들만 거리에 가득했고요
가끔은 내가 버거웠지만

그래도 우리는 계속 기다렸죠
어제나 모레같은 죽은 화분들을
씹었다가 삼켰다가 하면서요
아이 배불러
괜히 손도 만져보고요
올 때가 되면 올거라고
몇번이나 떠올렸어요
오늘 비가 왔으니
내일부터는 추워질거야
그러므로
처마는 결국 찾지 못 했습니다
비도 결국 그치지 못 했습니다

쓴 약

이번 겨울이 몇년만에 추운 겨울이래 말했을 때
너는 아무 대꾸가 없었다
새로 산 신발이 좀 크다고 했을 때도
너는 아무 대꾸가 없었다
현관 앞에서 "추워" 하고 네 점퍼의 지퍼를 닫을 때도
너는 아무 대꾸가 없었다
감기약이 너무 쓰다고 했을 때도
너는 아무 대꾸가 없었다
집 앞 골목에 차를 대기 전 "먼저 내려요" 라는
나의 말에도 대꾸가 없었고
차가 전진하고 후진하고 다시 전진하는동안
너는 무엇을 생각했을까
너는 아무 말 하지 않았지만
아마 일찍부터 나만 혼자 쭉 있었다. 그런생각
왜 자꾸 그런 생각을 할까
기억력은 안좋은데
너를 잘 잊지 못 하는 증상
언제까지 생각하게 될까
그 대답없던 얼굴들을

울어야 하는 시간

꿈결같은 행복
지금은 울어야 하는 시간
다 때가 있는 법
이게 다 지긋지긋해지면
나도 어묵에다 독을 풀어버려야지

그때까지는
누구도 탓하지말고
너무 깊게도 생각말고
아무것도 깨닫지말고
이런 나를 이제는 그만 미워하고
지난 날을 그리워하며 우는 것도 그만하고
혼자서 외롭지도 말고
계속 사람들을 아끼고 사랑하며,
자 이제

새벽별
어묵과 위스키와 100알의 잠을 마시자

다 때가 있는 법
지금은
춤을추거나
사랑하거나
울어야하는 시간

벗

꽃같던 춤들이
만취한 길들에
영 어둡던 것들아
이제 그만 살던 날들아
그치지 않던 비들아
죽어도 끝모르던 울음들아
우리가 함께 살았던 밤들아
이제는 다 공허한 방들아
너 떠나고 죽은 것들아
오늘밤도
그런 그대들이 시든 나의 벗이네
오늘밤도
나의 벗이네

스틸녹스

자야지 이제
꿈만 무성하던 소문에서
유서같은 시집을 덮고
자야지
긴 겨울의 밤
이제 스틸녹스를 몇알씩 먹어요
스스로 내 자신이 싫은 것을 피하려는 갖은 방법
그래도 우리가 깬다면
그래도 불안하고 겁이나고 외로우면
서로가 스스로 다독이며
자신에게 속삭여야지
자 이제 다 괜찮으니 다시 잠을 자자
라고
자자

꿈결같은

여름날의 불꽃놀이

꾹꾹 눌러적은 편지

밤의 산책

둘이서만 달리던 해안도로

하얀 언덕

엉엉 울던 밤

아기 고양이

초록색 숲

길에 핀 능소화

아주 높은 산

여러번 고쳐쓴 엽서

내부순환도로

처음 받은 꽃

밤새 지은 노래

깊고 깊은 바다

벽에 붙은 폴라로이드

불안하고 안심하던

책을 고르던 입술

4월의 목련

강화도 가는 길
우주같은 춤
서로 골라준 시집
가시돋힌 말
가장 남쪽의 노을
꽃같은 미소
활짝 핀 꽃같은
환한 빛으로 내게 온
꿈결같은
나의 젊은 날

이제는 내가 이걸 어쩌면 좋을지

기쁨이후의 것들

우리가 다 타고 남은 것
서로 믿기로 한 곳에서
여태 먼 길을 적었는데
거기는 안개도 짙고
눈도 희잖아
우리 고전처럼 걷자고
젊은 계절도
더운 여름날 축제같은 것들 있지
아이들 목청껏 질러대던 대공원의 비명같은 거
밤에 손 잡고 걷는 산책이나
그냥 가만히 앉아
눈이 마주치면
괜히 불을 보고
파도를 듣는것들
그런것들말야

나는 우리를 파도라고 이야기했고
너는 우리를 불이라고 이야기했지
잃어버리고 지켜내고 아팠던것들

나의 아픈 습관

이를테면

깜빡하고 정신과 약을 두번씩 먹는 일들

다짐보다 더 마시는 일들

자다가 깨서 엉엉 우는 일들

나를 자꾸 미워하는 일들

아무래도 좋아 너네 동네로 달리던 밤의 도로들

여러번 적고

여러번 지운 편지들

전하지 못 한 마음들

계속 기억하고

계속 존재하고

그래서 다만 이제 내가 견뎌야 하는 것은

우리가 다 타고 남은 것

재

기쁨 이후의 것들

우리들의 도시

너는 그리움으로 지은 도시
공장의 굴뚝마다 하얀 후회들만 변명하고
상념을 심은 어부들은
시든 우울을 항해하였으므로
하여간 눈물은 자꾸 흐르기로 결정되었다

우리는 벗이 없는 단어
썩은 땅에 심은 씨앗
네가 좋다면야
장마철에나 한번씩 흐르는 하천
가물거나 고여 썩거나 우리들의 오수
결국에 흘러 닿는 곳
우리는 계속 흐르고
그곳
폐수

모퉁이 전봇대마다 서로 붙어먹는 개들
올해는 가물어 흉년이야
나는 이렇게 차곡 차곡 당신을 지어가며

파도처럼 번민이 일렁이고
네가 그리움이라면 마셔버리고 말지
독이 든 술처럼
꿀꺽 삼켜버리고 말지

핑계

독한 잠을 처방받고
아홉알 항갈망을 노력하며
계속 무언가 삼켜가며 아슬아슬 버티는 밤들
나는 나에게 얼마나 앞으로 더 버거울 것인지
얼마나 앞으로 더 살아야하고 불안할것인지
얼마나 앞으로 더 너를 사랑해야하는지
흔들흔들 독한 약처럼
오늘은 몸도 마음도 다 힘들었으니까
그래 우리는 다시 핑계를 찾자
매달리거나 떨어지거나 하지 않도록
잠처럼 깊게 빠지도록
오늘도 무사하고 촘촘하게 죽을 수 있도록
나락같은 구원같은
우리는
다시 핑계를 찾자

노래

물망초
발작
여름밤
항구
어항과 장막
사랑의 순간들
봄
젊은 날
낙원

물망초

너는 작은 물망초
메마른 내 흙에 핀

너는 푸른 종달새
외로운 밤과 노래할

너는 붉은 동백꽃
모진 겨울 버텨내는

너는 하얀 배의 돛
멀리에 우릴 가게 한

발작

삶이 또 발작을 한다네
밤도 낮도 내일도 오지 말라고

해가 지면 우리 같이 죽을까
멀리 어디 부두에서 죽을까
어차피 한 세월이라지
나 이제 내가 버겁네

삶이 또 발작을 한다네
밤도 낮도 내일도 오지 말라고

나른한 정오에 죽을까
죽기 전에 입을 맞출까
삶이 더 달콤해지려나
나 실은 네가 그립네

삶이 또 발작을 한다네
밤도 낮도 내일도 오지 말라고

네가 가면 나도 가겠어
살자 하면 함께 살겠어
굴이라도 파고 살자구
외딴 섬에 움막을 짓자구

삶이 또 발작을 한다네
밤도 낮도 내일도 오지 말라고

이제 나는 자야하겠어
꿈에서도 발작하겠어
노력해도 이리 지랄맞다네
떠난 것을 다 이해한다네

삶이 또 발작을 한다네
밤도 낮도 내일도 오지 말라고

삶이 또 발작을 한다네
삶이 자꾸 발작을 한다네

항구

우리들은 섬으로서 존재하며
혹은
저녁 항구 오징어 잡이 배의 등으로서
존재하고
혹은
횟집 어항에 배를 뒤집고 눈을 부릅뜬 횟감으로서
존재하고
사물에 의미를 부여하고
우리는 바다의 깊이를 측정하고
우리들은 항구에 정박한 배들의 닻을 들여다보고
사물이 아닌 무언가에 또 다시 의미를 부여하거나
잠을 자거나
눈을 떠 당신의 일기를 관측하거나
우리들은
타인의 장마를 측정하고
또 이전에는 알 수 없었던 나의 것들을 계수하고
나의 조각들로
당신은 수거되며
우리들은
또 다시
존재하고
존재하며

여름밤

창을 때리는 빗소리와
뜨겁고 습한 대기와
밝은 밤의 하늘과
소란스러운 거리의 사람들

빗물 흐르는 아카시 나무
쇼윈도에 비친 네온사인
흐린 우리 마음에
젖어가는 여름의 자정

안개 갇힌 붉은 등대
내일이 싫은 여름 밤
슬퍼 우는 어린 눈과
시끄러운 엔진소리

죽은 우리 벗들과
살아 사랑하는 계절과
어두운 너의 이름과
살자하던 그때의 얼굴들

더운 우리 조각과
어린 우리 눈물과
너와 나의 곡선들

어항과 장막

만나고 헤어지고
태어나서 죽어가고
시계와 계절은
치밀하게 무너지네
우리의 삶이
어항 속의 파도라면
나 넘실대는 물 위에 섰나보오

우주에선 먼지만한
우리가 무엇이오
우리는 언제 와서
우리는 언제 가오

살다가 살아지고
살다 그만 살아지고
봄날의 얼굴들이
꽃비처럼 흩날리네
우리의 삶이
무대 위의 극이라면
나 어스름한 장막에 덮여가오

우주에선 먼지만한
우리가 무엇이오
우리는 언제 와서
우리는 언제 가오

사랑의 순간들

쌀쌀하던 날
너를 본 그 날
네가 나를 보고 웃던 날
나 사랑에 빠진 날

하얀 성탄 전 날
작은 옥탑에서
아가 고양이랑 너랑 나
따숩게 잠든 날

벚꽃 피던 날
윤중로 걸은 날
가장 좋은 셔츠 입은 나
네가 칭찬해준 날

고추 심은 날
볕에 이불 널은 날
낡은 바이크를 타고서
드라이브 갔던 날

매미 울던 날
내 고향 갔던 날
우리 어머니가 너랑 나
예쁘다고 했던 날

쌀쌀하던 날
네가 떠난 날
우리 여기까지 인가봐
눈물만 자꾸 나던 날

비가 오던 날
내가 많이 울던 날
다 잘 될 거야 말하며
네가 달래줬던 날

우리 좋은 날
자주 생각나던 날
미안하고 그리운 어린 날
소중한 사랑의 순간들

봄

한 겨울의 산이
내 마음같았네
오래 헤맸네
나 가끔 울었네
봄이 오기 전 까진

긴 밤 보냈네
나 멀리 걸었네
많이 아팠네
나 자주 슬펐네
아침 오기 전 까진

봄이 오기 전 까진
아침 오기 전 까진
당신 오기 전 까진

젊은 날

그때는 푸른 계절
많은 것이 더해지고
그보다 더 많은 것을 잃은
그때는 나의 지난 날

영원할 것만 같던
가지 않을 것만 같던
갈 것이 갈 줄 몰랐던
그때는 나의 젊은 날

가지 마오 하고 나 울었던가
가지 마오 푸르른 여름날
가지 마오 하고 나 울었던가
가지 마오 나의 젊은 날

낙원

수평선 너머
생이 출렁이는 곳
영원토록 얼지 않을
꿈속의 고토